AF330562

L²⁷n
227L5

NOTICE

SUR

RENÉ DOREAU

ÉLÈVE DE L'ÉCOLE LIBRE SAINT-JOSEPH

DE POITIERS.

POITIERS

TYPOGRAPHIE DE HENRI OUDIN

RUE DE L'ÉPERON, 4.

1866

L 27 m
22745

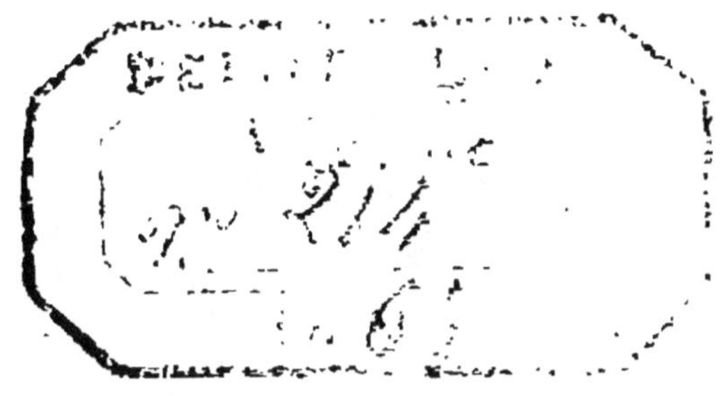

NOTICE

SUR

RENÉ DOREAU.

POITIERS. — IMPRIMERIE DE HENRI OUDIN.

NOTICE

SUR

RENÉ DOREAU

ÉLÈVE DE L'ÉCOLE LIBRE SAINT-JOSEPH

DE POITIERS.

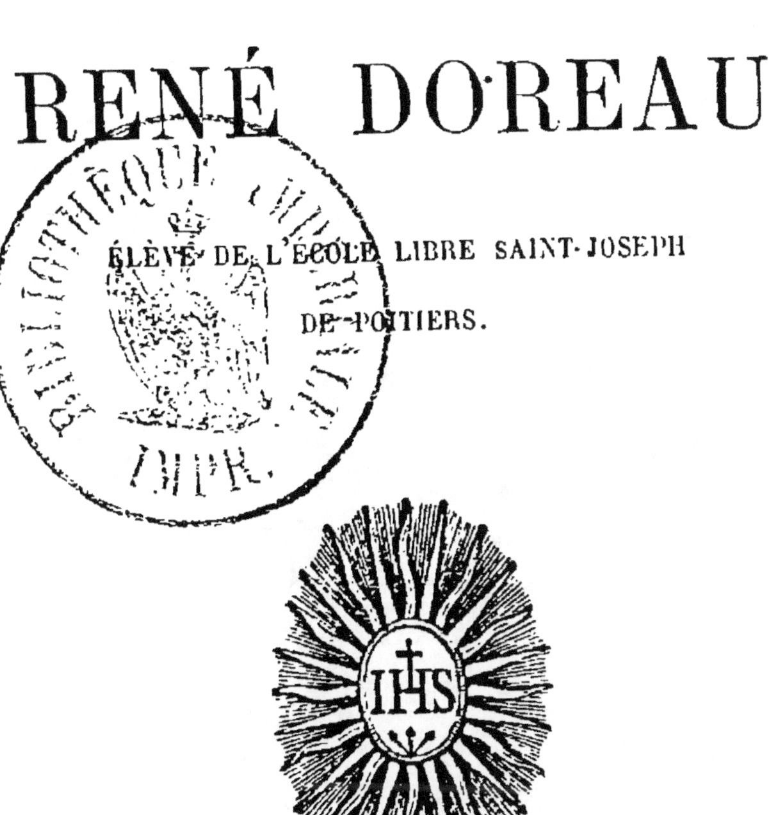

POITIERS

TYPOGRAPHIE DE HENRI OUDIN

RUE DE L'ÉPERON, 4.

1866

AVANT-PROPOS.

—

Quelques personnes s'étonneront peut-être de nous voir écrire la vie de René Doreau : que peut-on dire sur un jeune homme de dix-sept ans ? Quel intérêt peut offrir au public une existence de collége si simple et si unie ? Aucun , nous en convenons; aussi bien n'est-ce point au public que nous nous adressons. Cette Notice est un pieux souvenir offert aux amis et aux condisciples de René, un petit monument élevé sur sa tombe. On nous assure qu'elle peut édifier et intéresser ceux qui ont connu et aimé ce jeune homme ; cela nous suffit, et nous décide à n'en pas retrancher quelques détails qui ne peuvent guère avoir de charme que pour la jeunesse de nos colléges. Cet écrit n'est ni un éloge, ni un tableau flatté par une main complaisante ; c'est l'image fidèle d'un ami, qu'on aime à retrouver tel qu'il fut, simple et sans apprêts. Nous parlerons de ses vertus, de ses qualités et même de ses défauts. Il revivra mieux ainsi dans cet abandon charmant d'une familiarité qui nous fut chère. Nous tenons d'ailleurs à montrer qu'il fut vertueux non par tempérament, mais par l'énergie de sa volonté. Une vertu conquise sur la nature est toujours un spectacle instructif et plein d'encouragement pour les âmes.

Voici les sources auxquelles nous avons puisé : nous avons interrogé les maîtres de René, c'était un témoignage précieux; mais rien ne pouvait lui donner plus de poids, que de le faire contrôler et confirmer par celui d'un ami [1] de Chauvigny, et de ses condisciples [2]. Tout le monde sait qu'au collége le condisciple est le juge le plus clairvoyant.

Il est surtout un témoignage qui, nous aimons à le dire, nous servira de guide dans ce récit : c'est celui de la sœur de René [3]. Personne ne l'a connu plus longtemps ni plus intimement. Nous lui devons les pages les plus intéressantes de cette petite biographie.

1. M. Alfred Audouin.
2. MM. Félix Pasquier; Arnold Mascarel.
3. Mlle Célestine Doreau.

NOTICE

SUR

RENÉ DOREAU.

CHAPITRE 1er.

PREMIÈRE ENFANCE DE RENÉ. — INQUIÉTUDE QU'ELLE INSPIRE. — SA PREMIÈRE COMMUNION.

René Doreau naquit le 24 octobre 1847, à Chauvigny, petite ville agréablement située sur la Vienne, à quelques lieues de Poitiers.

Cet enfant, qui devait être plus tard un modèle de douceur et d'obéissance, était né avec un très-mauvais caractère : impérieux, colère, il avait le germe des plus violentes passions ; sa nature capricieuse et bizarre se torturait par ses caprices mêmes. Il souhaitait ardemment tout ce qu'il désirait, puis, lorsqu'on lui présentait ce qu'il venait de demander à l'instant même, il s'écriait qu'il n'en voulait point, rejetait l'objet avec colère et semblait beaucoup plus malheureux que si on le lui eût refusé. Souvent, il se réveillait la nuit, et l'ennui de ne pouvoir se rendormir le mettait dans une fureur extrême. C'étaient alors des cris qui troublaient toute la maison et dont on désespérait de voir la fin. Exigeant avec ses camarades, il ne jouait qu'à la condition d'être le maître. Très-personnel, il rapportait tout à lui, sans songer à personne, et c'est le défaut qui lui demeura le plus longtemps.

Quand il eut huit ans, ses parents songèrent à l'envoyer chez les Frères; mais ils n'espéraient point qu'il y restât. M. Doreau pensait qu'il faudrait chaque matin user de violence pour l'y conduire et pour l'y retenir, ce qui n'eût pu durer longtemps. Il y fut cependant de très-bon cœur.

De cette époque date le changement qui s'est opéré dans son âme. Sa mère l'avait conduit quelques mois auparavant à M. l'abbé Marchand, curé de Notre-Dame, pour le prier d'entendre sa première confession.

Du moment où Dieu se révéla à ce petit enfant, il lui devint entièrement soumis. Sans doute, il conserva longtemps encore des traces de son mauvais caractère : la légèreté de l'âge, sa nature ardente, l'entraînaient souvent ; mais il suffisait presque toujours, pour le ramener, de lui rappeler qu'il offensait Dieu.

On le fit enfant de chœur peu de temps après. Toutes les personnes qui l'ont vu servir à l'autel se rappellent son recueillement, sa physionomie si douce et si gracieuse. Mgr Pie, étant venu donner la confirmation à Chauvigny, fut charmé de sa grâce : il le fit appeler après la cérémonie et lui dit que la tonsure lui siérait bien. Ces paroles lui déplurent sans doute, car, en rentrant à la maison, il retomba dans ses caprices d'autrefois. On lui demanda s'il avait été content de porter la crosse de Monseigneur ; au lieu de répondre, il se roula par terre en criant, sans vouloir faire connaître le sujet de sa mauvaise humeur, car il était très-caché, et on ne pouvait le faire parler lorsqu'il avait résolu de se taire.

Il était toujours très-paresseux : rien ne le désolait comme d'apprendre des leçons, si courtes qu'elles fussent. M. l'abbé Marchand ayant prié sa sœur de lui apprendre les répons de la messe, elle crut ne pouvoir y parvenir. En revanche il aimait le jeu passionnément et on le remarquait parmi ses camarades aux cris de joie qu'il poussait dans l'ardeur du plaisir. En famille il était vif, enjoué, plein de gaieté.

A l'âge de neuf ans, il fut conduit à la retraite des enfants de la première communion : ces exercices firent sur lui une impression profonde ; il était évident pour ceux qui le considéraient attentivement, que Dieu opérait un grand travail dans cette petite âme. Durant ces quelques jours, il cessa de jouer avec le même entrain, il devint pensif et recueilli et priait avec une ferveur angélique. Un soir, sa mère l'entendit pleurer dans son lit ; elle s'approcha et le questionna longtemps avant de lui faire avouer la cause de ses larmes. Enfin il dit d'une voix entrecoupée : Ma bonne Mère, je voudrais me confesser. C'était le commencement des scrupules qui le tourmentèrent depuis. Quand on le voyait dans la suite triste et inquiet, on connaissait la cause de son chagrin ; mais aussitôt il allait se confesser, et la gaieté revenait sur son visage.

La manière dont René se prépara à sa première communion fut admirable ; M. l'abbé Marchand était ravi de son recueillement, de la pureté de son âme et de sa droiture.

Le jour de sa première communion, pendant que sa mère mettait la dernière main à sa toilette, René, ne pouvant contenir sa joie, lui sauta au cou en s'écriant : Oh! maman! Et son visage disait : Quel bonheur ! que je suis heureux !

On ne se rappelle pas depuis cette époque avoir vu se renouveler les scènes de colère auparavant si fréquentes. Il devint aussi doux et aussi soumis qu'il avait été impérieux et méchant. Toutefois il ne s'ouvrait point sur ce qui se passait dans son âme et il demeura ainsi jusqu'à la fin. Il ne parlait jamais de ses sentiments religieux.

Le seul défaut qui lui restât était ce sentiment de personnalité, cette crainte de se gêner en quoi que ce fût, dont on a déjà parlé.

Ce défaut, qui eût passé inaperçu dans un enfant moins aimable que René, ressortait d'autant plus qu'on n'avait pas d'autre reproche à lui adresser. Certes, il n'eût jamais voulu de propos délibéré faire la moindre peine à ses camarades, mais il ne lui venait pas à la pensée de leur faire plaisir ; en un mot, il n'était pas obligeant, si ce n'est pour sa mère qu'il aima toujours passionnément : il ne l'appelait jamais que sa bonne mère.

Un jour qu'elle était souffrante, il vint s'asseoir près de son lit : Bonne mère, lui dit-il, tu me soignais bien quand j'étais malade ; aujourd'hui je suis bien content, je vais te soigner à mon tour. Et le cher petit essayait avec sa grâce enfantine de calmer les douleurs de sa mère.

Dès cette époque, nous dit sa sœur, il aimait à écrire : il composait de petits drames qu'il nous montrait, sans craindre les plaisanteries qu'on ne lui épargnait pas. Souvent, dès son arrivée de classe, il se mettait à écrire debout sur le coin de la cheminée, et quand il avait griffonné quelques pages, il nous les donnait en disant : C'est une comédie. Il fut toujours aussi simple et aussi peu prétentieux. Dans la suite, il nous montrait avec la même simplicité ses essais poétiques, et recevait avec amabilité nos observations et même nos railleries. Il était le premier à rire de ses écrits et n'avait pas la moindre vanité.

CHAPITRE II.

RENÉ ENTRE A L'ÉCOLE LIBRE SAINT-JOSEPH. — SES PREMIERS SUCCÈS (1859-1860).

René entra au collége quelques mois après sa première communion. Ses parents résolurent de confier son éducation aux Pères Jésuites de Poitiers qui occupaient alors la maison Saint-Vincent-de-Paul. Cet établissement, longtemps dirigé par des ecclésiastiques distingués, avait déjà rendu de grands services aux familles chrétiennes du Poitou. Les Pères appelés par Mgr Pie n'eurent qu'à continuer une œuvre si bien commencée.

Bientôt l'enceinte devint trop étroite, il fallut chercher un autre emplacement, et en attendant que les murs de Saint-Joseph pussent abriter la nombreuse jeunesse qui affluait de plusieurs départements, les moins âgés trouvèrent un asile momentané dans la maison du Jésus; c'est là que René fut conduit par sa mère le 12 octobre 1859.

Il souffrit beaucoup durant les premiers jours

de cette nouvelle existence. Le lendemain de la rentrée, lorsque sa mère le revit, il lui dit en sanglotant : Je ne pourrai jamais m'habituer ici ; hier soir je voulais me sauver pour aller te retrouver. Mais à douze ans le chagrin passe vite. René se vit immédiatement à la tête de sa classe. Aimé de tous, il s'attacha aussitôt de cœur à *son collège*, et la joie éclatait dans toutes ses lettres. Elles sont pleines du récit de ses succès.

Ses bonnes notes le firent bientôt admettre dans la Congrégation de l'Enfant-Jésus. Cependant la nature s'échappait encore de temps à autre, tantôt en accès de joie hors de propos, tantôt en saillies où l'orgueil et l'emportement d'autrefois se faisaient jour.

« Sachant, dit son professeur, qu'il avait besoin d'être rappelé à la modestie, je ne l'épargnais pas, il accueillait mes reproches en rougissant, souvent le sourire sur les lèvres et toujours sans humeur. »

Il faisait de grands efforts pour contenir sa vivacité ; ses camarades lui en savaient gré. « Tel ou tel, disaient-ils souvent, n'a pas grand mérite à obtenir de bonnes notes, c'est dans son tempérament de rester tranquille, mais pour

René, c'est très-différent, car son caractère est plus vif que celui de bien d'autres. » Les élèves de sa division le nommèrent préfet de la Congrégation et lui décernèrent à la fin de l'année le prix de sagesse.

D'ailleurs, loin de s'en faire accroire, il se jugeait lui-même avec quelque sévérité. Voici une petite prière qu'il doit avoir écrite vers cette époque et qui témoigne de son humilité autant que de sa foi :

« O bonne Marie !

« Je vous demande bien pardon de la paresse et de la dissipation que j'ai eues cette année. J'espère pourtant que vous m'obtiendrez la grâce de passer un bon examen. Obtenez-la-moi, je vous en prie instamment : j'ai une ferme confiance que je serai exaucé. Obtenez-moi aussi de bien passer mes vacances, je vous le demande de tout mon cœur ! Ainsi soit-il. »

Des succès brillants terminèrent l'année : il obtint six prix et plusieurs nominations.

« Ses premières vacances, nous dit sa sœur, furent un jeu continuel ; cependant il priait fort longtemps le matin et le soir ; il étudiait pendant la matinée, et le reste du jour était consacré au plaisir. Deux ou trois camarades, mon père, ma mère et moi, c'était tout son horizon et il était vraiment très-heureux. »

Au mois d'octobre 1860, René, qui entrait en cinquième, quitta le Jésus, où demeuraient encore les cours élémentaires, et suivit sa classe à Saint-Joseph.

En changeant de demeure, il ne changea point de dispositions. Ce fut la même piété, la même ardeur pour le travail. A Saint-Joseph comme au Jésus, il conquit l'estime et les sympathies de tous : un double suffrage le maintint pendant six mois préfet de la Congrégation et lui décerna le prix de sagesse.

Cette deuxième année de collége fut couronnée de succès si éclatants, qu'on voulut donner à René des rivaux plus dignes de lui. Au commencement de l'année scolaire 1861-1862, on le fit passer en troisième. Quelques semaines après, il obtenait la seconde place en vers latins, et depuis il resta toujours au premier rang. A la fin de l'année, il remporta sept couronnes et quatre nominations.

L'amour de René pour l'étude était vraiment extraordinaire ; ses condiciples en étaient frappés, et l'un d'eux avoue qu'il sentit redoubler son ardeur, à la vue d'une application si soutenue. Ce n'était plus la curiosité de l'enfant, ni la résignation du devoir, ni l'émulation de l'amour-propre, mais un attrait et presque une passion. Il éprouvait un immense besoin de s'instruire et on l'entendit parfois se dire à lui-même avec transport : Je veux apprendre ! Aussi avait-il recours à mille petits artifices pour prolonger les heures de l'étude, et, chose rare pour un écolier, on dut le modérer sur ce point, même en vacances.

Son professeur dit un jour en classe qu'il fallait, pour devenir un homme distingué, faire des lectures sérieuses et prendre des notes. Frappé de cette parole, il entreprend des travaux considérables pour un enfant. Ce petit élève de cinquième et de troisième analyse la vie des auteurs latins, lit, la plume à la main, les histoires de Rollin et de Lingard, traduit Cornelius Nepos en entier, étudie dans leur langue Quinte-Curce, César, Virgile et Cicéron. Ce n'étaient pas là des lectures courues et superficielles. Outre les examens communs, il briguait chaque année la gloire, heureusement fort recherchée dans nos écoles libres, de subir des examens supplémentaires, justement nommés *les examens d'honneur*. Il y présentait des parties considérables d'auteurs latins et grecs, ainsi lus et travaillés en particulier.

Pendant ces deux années si studieuses, il ne perdait pas de vue la grande maxime du christianisme : *vince teipsum*. Né avec de grands défauts, des tendances dangereuses, il s'en rendait compte et s'efforçait d'en arracher jusqu'aux dernières racines. Ses sentiments, naturellement élevés et nobles, le portaient à l'orgueil; il avouait avec une candeur charmante que le passage subit à la classe de troisième fut pour son cœur une tentation délicate, qu'un moment il se crut un garçon rare et d'une singulière distinction ; mais c'était pour s'en humilier et demander pardon de ce qu'il appelle une sotte fierté. Il fit bonne guerre à ses défauts et bientôt, ce je ne sais quoi de vif et d'âpre, reste d'une enfance difficile, disparut entièrement et fit place à un enjouement calme et plein de douceur.

Cette gaieté vive et douce à la fois, cette égalité d'humeur, qui ne ne se démentit pas au milieu de longues souffrances, devint comme un trait saillant de ce caractère autrefois si violent. Cela seul nous donne la mesure de sa vertu, de sa piété profonde et sincère. Aussi répandait-il partout la joie et le bonheur. Voici comment sa sœur termine le récit de ce qu'on peut appeler les années de son enfance : « Les va- « cances qui suivirent se passèrent comme les « premières : même gaieté, même vivacité, « même joie d'être en famille. Le bonheur « que nous donnait cet enfant ne peut se « décrire. Quelle joie lorsqu'il arrivait ! Comme « nous étions heureux ! Je ne crois pas que « nous l'ayons jamais entendu rentrer, sans « éprouver une impression de bonheur ; et le « plaisir de le revoir était toujours aussi vif ; « l'habitude n'y faisait rien. »

CHAPITRE III.

SECONDE ET RHÉTORIQUE. — GOUTS ET SUCCÈS LITTÉRAIRES.

Au mois d'octobre 1862, René commença ses études littéraires : il entrait en seconde.

Pour cette nature élevée, les plaisirs délicats que procure l'étude des lettres furent une source de vives et pures jouissances.

René s'y livra avec toute l'ardeur de son

caractère impétueux. Malgré des maux de tête incessants, qui le forçaient souvent de fermer tous ses livres, il remporta les plus belles couronnes de la seconde, et put, à la fin de sa Rhétorique, offrir à ses heureux parents onze couronnes ou nominations.

Nous ne séparerons point ici le récit de ces deux années, dont le but est à peu près le même, et nous grouperons dans un seul chapitre ce que nous avons pu recueillir sur les études de René. Nous consacrons le chapitre suivant à sa vie intime.

En seconde et en rhétorique, où il importe de laisser place à l'initiative personnelle et de donner l'essor au talent, les devoirs étaient chaque jour calculés de manière à ménager aux élèves quelques moments libres. Ce n'étaient point là des heures perdues : chacun devait les employer à des lectures sérieuses, à poursuivre, sous une direction particulière, les travaux les plus conformes à son goût et à son inspiration.

Les plus brillants élèves, réunis en Académie, préparaient aussi pendant ce temps des séances solennelles, que les classes supérieures offrent, une ou deux fois l'an, à un public distingué, composé des parents et des amis du collége. On sait assez combien ces exercices sont propres à développer chez des jeunes gens, dont beaucoup seront un jour des hommes publics, les qualités les plus précieuses, l'aisance et le naturel.

René déploya dans ces fêtes de collége un talent remarquable, qui fit naître pour l'avenir les plus belles espérances. « Pendant les vacances, dit un de ses camarades, quelquefois seul, d'autres fois avec un ami, à l'ombre d'un rocher ou des grands arbres, il s'exerçait à déclamer les plus beaux passages de ses auteurs latins et français : il les rendait avec une âme, un feu et un naturel admirables. » Aussi quand il parut sur le théâtre du collége, pour interpréter les rôles les plus opposés dans différentes pièces latines et françaises, fut-il couvert d'applaudissements; les juges les plus autorisés admirèrent dans ce jeune homme de seize à dix-sept ans un jeu si fin, si souple et si vrai.

Pendant les loisirs que lui laissaient les devoirs de classe, il poussait de front plusieurs travaux fort sérieux et presque au-dessus de son âge. Séparé momentanément de deux amis intimes, qu'il avait laissés dans une division inférieure, notre jeune littérateur avait imaginé d'entretenir avec eux une correspondance littéraire très-volumineuse. Il ne voulait pas être seul à jouir et partageait ainsi le plaisir de ses nouvelles études.

La correspondance s'engage d'abord sur les auteurs anciens. On voit percer dans René un esprit original et sérieux qui se rend compte des choses et aime à penser par lui-même. Il se montre surtout épris des Grecs. La simplicité touchante et sublime d'Homère le ravit, il appuie son éloge de longs fragments traduits de l'*Odyssée*. Ailleurs l'éloquence nerveuse de Démosthène le transporte. Nous rencontrons également dans ces lettres des aperçus sur Shakespeare, inspirés par la lecture de M. Villemain, et une étude assez étendue sur l'*Iphigénie* de Racine comparée à celle d'Euripide.

Comme œuvre littéraire, cette correspondance ne peut avoir qu'un mérite vulgaire; mais comme œuvre d'un jeune élève, elle annonce une intelligence plus qu'ordinaire; elle témoigne assurément de lectures étendues et d'un amour pour l'étude assez rare en ce temps, pour mériter un souvenir.

Il est d'ailleurs assez piquant, disons plus, il

est beau de voir ce jeune homme embrasant les autres du feu qui le consume, initiant ses jeunes amis aux premières joies de la pensée. Et si son ardeur excitait leur courage, espérons-le, nos jeunes lecteurs trouveront dans ce spectacle de quoi les animer et les entraîner sur la même voie. Puissent-ils comme René se persuader qu'après la piété, les lettres sont la joie de la jeunesse la plus pure et la plus solide!

L'étude était en effet pour lui plus qu'un devoir, c'était un plaisir, une ressource contre la tristesse et l'ennui, un aliment nécessaire pour son intelligence et pour son cœur.

Aussi lui faisait-il une large part dans les loisirs des vacances. Voici ce que nous apprend à ce sujet un de ses camarades, qui fut pendant plusieurs jours à Chauvigny le compagnon de ses plaisirs et de ses travaux : « J'avais un « appartement voisin de sa chambre, et dès « cinq ou six heures, il était debout. Quand j'en- « trais chez lui, je le trouvais à sa table, occupé « à travailler : tantôt c'était un auteur, dont il « traduisait quelques fragments, tantôt un « livre de lecture; il lisait toujours la plume « à la main. Si le temps le permettait, nous

« sortions ; mais nous emportions toujours un
« livre. »

Rien ne pouvait remplacer pour René la solitude de Chauvigny, égayée seulement par ses
parents et par quelques amis, animés comme lui
du feu sacré de l'étude. Après sa rhétorique,
il fit un voyage de quelques jours. Il fut très-
gai, très-satisfait de revoir ses amis ; mais il
était toujours charmé de rentrer au sein de sa
famille.

« Enfin, écrivait-il, me voici revenu dans
« ma chambrette solitaire ! Séparé des miens,
« je vivais depuis quelques jours sans le même
« bonheur. Le charme particulier que je trouve
« ici, c'est cette solitude tranquille, cette
« absence de bruits qui troublent, ou qui du
« moins arrêtent l'élan de la pensée ; la vie, au
« milieu de ces bruits, me semble sèche et
« comme indifférente : je ne me possède plus
« moi-même.....

« Avec ma famille, je vis heureux ; mes étu-
« des remplissent mes jours, je suis entouré
« dans ma chambre de mes amis, les poëtes ; je
« passe des heures bien douces avec Shaks-
« peare, avec Châteaubriand, avec Milton.

« Heureuse solitude du corps, où la pensée

« plus libre s'élève au souffle du génie ! De là à
« la réunion de famille, à mon piano, à mes
« bois, à ma rivière, et c'est tout. N'est-ce pas
« assez ? »

Cette ardeur, cette passion pour l'étude était
noble et louable ; les parents et les maîtres de
René la secondaient, car ils y voyaient une
grande espérance pour son avenir et une puis-
sante garantie pour l'innocence de son cœur.
Cependant, le dirons-nous ? elle entraîna René
trop loin.

Elle lui fit d'abord accumuler travaux sur
travaux. Nous le voyons en seconde effleurer
l'allemand, approfondir un peu l'espagnol, et
travailler l'anglais, de manière à comprendre les
auteurs les plus difficiles. Il traduisit même
avec soin plusieurs tragédies de Shakespeare.
Cette application forcée compromit sa santé.
Ses forces, ainsi dépensées sur plusieurs points,
le trahissaient à chaque instant ; concentrées sur
un seul, elles se seraient mieux soutenues
et auraient produit davantage.

Peut-être même, passionné qu'il était, comme
le sont tous les jeunes gens, pour les scènes
émouvantes, les récits dramatiques, les contrastes vivement dessinés, lut-il un peu trop

Shakespeare, le père du romantisme, et plusieurs auteurs modernes qui , malgré des pages nombreuses étincelantes de beautés , et peut-être à cause de ces beautés mêmes , sont souvent pour le goût des jeunes gens un écueil dangereux.

René donna dans cet écueil : il puisa dans ces lectures trop assidues je ne sais quoi de vaporeux et de rêveur, certain réalisme d'expression, et certaine recherche affectée des contrastes, qui force la nature en visant à l'effet. — Il avait cependant, pour réussir dans la poésie, qu'il aimait avec passion, des qualités rares et brillantes ; du feu, de l'enthousiasme, des idées élevées et une exquise sensibilité. Plusieurs de ses pièces et de ses lettres nous ont paru pleines de grâce et de fraîcheur.

Il sentait vivement ; son imagination lui présentait en foule les sujets les plus divers ; les beautés de la nature l'enflammaient, mais sa plume peu exercée ne rendait pas toujours fidèlement sa pensée. Nous ne doutons pas que, mûri par le temps et par l'étude, ce talent souple et fécond ne fût devenu fort remarquable. Nous citerons en appendice quelques-uns de ses essais poétiques. Ils donneront une idée de sa

facilité ; le chapitre de sa vie intime fera suf-
fisamment connaître combien son cœur était
sensible et généreux. Quant aux défauts qu'on
vient de mentionner, et qui déparent un grand
nombre de compositions, d'ailleurs remar-
quables, on sera peut-être bien aise de savoir
ce qu'il en pensait lui-même.

On nous permettra de transcrire à ce propos
quelques fragments de sa correspondance avec
sa sœur ; en voici le sujet :

A la fin de sa rhétorique et au commencement de sa philosophie, René voulut célébrer
dans un petit poëme les gloires historiques et
les sites pittoresques de Chauvigny, son pays
natal. Il l'annonce à sa sœur en des termes
pleins d'enjouement : « Ne crains pas mon trop
« de zèle pour l'étude ; je ne puis être zélé,
« quand j'ai tant de choses qui me tiraillent en
« tout sens. Souvent en effet, à côté d'une ver-
« sion latine, il me vient des retours de poésie,
« puis des remords d'y avoir succombé, puis
« des effrois de me voir refusé au baccalauréat,
« et encore de n'avoir que ce que je mérite.
« Cette dernière considération n'étant faite
« pour m'inspirer ni rime ni dithyrambe,
« je pense cependant un peu au baccalauréat.

« Aussi, hélas ! Ossian dort dans mon pupitre,
« *as the heroes of other times, who are passed and*
« *fallen.* Et encore, je rougis en y pensant, une
« maladresse vient de faire que le Père Préfet
« m'a pris quelque chose de monstrueux pour
« un préparé au baccalauréat ; un poëme
« enfin, s'avançant bon train sur ses cinq ou
« six chants, et auquel j'allais en peu de temps
« mettre la dernière main ; pour te tranquilliser,
« je te dirai que ces chants n'étaient que prose,
« mais prose verdoyante, visitée par des brises
« nombreuses, pleines de douceurs infinies. »

Ce poëme révélait, paraît-il, quelques tendances assez bizarres, et les défauts mentionnés
plus haut y étaient assez prononcés, pour que
sa sœur en fût alarmée. Elle lui dit qu'elle avait
quelque remords de lui avoir trop laissé lire
Shakspeare, Ossian et quelques autres auteurs.
Voici la réponse de René : « Tes remords à mon
« endroit ne doivent pas t'inquiéter, chère sœur,
« et quand tu aurais contribué à m'enflammer
« pour ces chants scandinaves, tu t'es moquée
« de mon poëme, ainsi la réparation est suffi-
« sante. Du reste, je le sens bien, mon goût
« n'est pas assez attique et tend un peu vers
« l'étrange, ce qui n'est pas très-rassurant.

« Toutefois, je me connais moi-même, comme
« tu vois , et c'est beaucoup. Je trouve dans
« cette littérature ou plutôt dans cette barderie
« d'autrefois une vigueur et une jeunesse qui
« ne sont pas sans défauts ni sans exagération ,
« comme tout ce qui est jeune, mais aussi qui
« ne manquent pas de grandeur. Je crois cepen-
« dant que faire revivre ces premiers chants
« de la nature sauvage, comme on l'a trop fait
« de nos jours, est la marque d'une littérature
« vieillie, qui cherche ailleurs qu'en elle-même
« une nouveauté quelconque. Je comprends
« donc que mon poëme moyen-âge n'est qu'une
« sorte de pastiche ; mais sans doute tu ne
« crois pas que je travaille pour la postérité.
« Tu aurais dû me féliciter au moins d'aimer
« ainsi ma patrie. Je l'aime en effet beaucoup ,
« ce cher Chauvigny, mais tu n'y es plus, ma
« sœur. »

CHAPITRE IV.

VIE INTIME DE RENÉ EN SECONDE ET EN RHÉTORIQUE.
— SES TENDANCES MÉLANCOLIQUES. — SA PIÉTÉ. —
SON HEUREUSE INFLUENCE SUR SES CONDISCIPLES.

Ceux qui ont connu René dans ses dernières années, si doux, si égal et si affable, n'ont peut-être pas soupçonné la mélancolie vraiment extraordinaire qui faisait comme le fond de sa nature. Il appartenait à la sœur de René de nous introduire dans les secrets de son âme ; personne ne pouvait nous donner des détails plus sûrs et plus intéressants :

« Dans sa seizième année, le caractère de mon frère subit une transformation complète : la mélancolie succéda à l'enjouement, sa vivacité disparut ; lorsqu'on l'observait attentivement, il était visible que la paix intérieure de son âme avait fait place à un trouble violent. Cet âge de transition, qui n'est ni l'enfance ni la jeunesse, ne passa pas pour lui, comme pour plusieurs jeunes gens, d'une manière presque insensible : il en souffrit beaucoup.

Je ne crois pas qu'il se rendît un compte bien exact de ce qui se passait en lui ; il était trop impressionné pour comprendre ce qui l'agitait. L'imagination était en grande partie cause de tout ce trouble : un commencement de désir de la vie religieuse, des rêveries poétiques, et enfin la tristesse qui saisit généralement les intelligences élevées dès leurs premiers pas dans la vie sérieuse, tels furent, je crois, les divers sentiments qui se partagèrent son âme. Nous fûmes très-inquiets ; je suivis avec anxiété la marche de cette épreuve intérieure. Ce n'était pas que je craignisse pour lui des égarements trop fréquents à cet âge ; il était trop pur, trop soumis à Dieu d'esprit et de cœur pour que je redoutasse une pareille chute ; mais j'appréhendais les effets toujours funestes d'une mélancolie prolongée.

« Ce cher enfant était doué d'une grande délicatesse, il possédait une très-belle imagination et un sentiment très-vif de la beauté intellectuelle et morale. Comme toutes les âmes sans expérience, il croyait pouvoir trouver sur la terre la réalité de ses rêves poétiques : il n'entrevoyait l'avenir qu'à travers une imagination ardente, et quand il venait à se heurter aux réalités de la vie, il éprouvait une grande souffrance intérieure.

« Durant les vacances, il n'y eut pas de moyen que nous n'employâmes pour vaincre cette mélancolie qui dominait jusqu'à sa démarche et tous ses mouvements. Je le forçais à rire et à s'amuser : il s'y prêtait de bon cœur, mais il fallait l'y exciter ; de lui-même, il n'aurait cherché aucune distraction , il serait demeuré seul, absorbé par le travail intellectuel et la lecture des poëtes.

« J'essayais de le faire descendre doucement des nuages de ses illusions poétiques, sans trop le heurter sur cette terre, où la vérité l'eût trop blessé s'il l'eût aperçue sans transition.

« Il ne croyait pas à la réalité de l'égoïsme inné et de la misère profonde de la nature humaine. Rien n'était plus pur et plus élevé que ses sentiments. Cette séve ardente de jeunesse, qui bouillonnait en lui, ne servait qu'à entraîner son âme vers tout ce qui avait l'apparence de la grandeur et de la générosité : il rêvait les actions éclatantes, l'héroïsme, le dévouement à l'amitié jusqu'au sacrifice de soi.

« J'ai retrouvé des traces de tous ces sentiments dans les fragments d'un journal qu'il
écrivait en 1864 ; il avait seize ans.

« Je me sens, disait-il, un penchant merveil-
« leux pour la rêverie. On m'a dit aujourd'hui
« qu'elle gâte le caractère et déprime l'énergie ;
« je le crois, et cependant je pense qu'il y a
« une certaine rêverie dont l'âme peut user,
« quoique avec sobriété. Je ne parle pas de la
« sublime rêverie de Dieu et de son ciel, qui
« est le rêve par excellence des âmes, et Dieu
« en soit loué, un rêve qui aura son accom-
« plissement un jour. Cette manière n'est point
« comparable aux autres : elle les dépasse comme
« le ciel dépasse la terre. Mais ne peut-elle pas,
« l'âme jeune et tendre, rêver un peu de dévoue-
« ment et de sacrifice ? Je l'espère, et ainsi je me
« laisse aller quelquefois par une pente ineffable à
« ces rêves-là, qui ne sont pas malheureusement
« des réalités. J'espère qu'ils peuvent préparer
« l'âme à la vue des grandes douleurs et à l'é-
« nergie des grandes actions : ils agrandissent le
« cercle de la vie. »

« Quelque pures que fussent ces pensées,
René devait s'élever encore plus haut. L'année
suivante, il ajoutait en note au bas de la ligne

où il dit : « L'âme ne peut-elle pas rêver de dévouement et de sacrifice? » il ajoutait, dis-je : « Elle le doit faire pour Dieu ». Vivre uniquement pour Dieu, sans aucun retour sur soi, tel devait être plus tard l'unique objet de ses aspirations, mais il n'en était pas encore là. »

Au fond cette mélancolie, nous sommes heureux de le constater, n'était point cette rêverie maladive et forcée, cette tristesse vague et sans objet, fruit de lectures malsaines et avant-coureur des plus mauvaises passions. C'était l'angoisse d'une âme élevée qui, même à son insu, cherche son Dieu, son centre et son bonheur, et ne trouve dans toute créature que misère et déception.

Dieu se réservait cette âme sans partage, et dès lors il la travaillait et la façonnait à son gré. Ses amis eux-mêmes en furent frappés : « Cette année de seconde, dit l'un d'eux, est remarquable à plus d'un titre : la piété aspirait à devenir la directrice suprême de sa vie ; elle envahissait peu à peu toutes ses affections. »

Nous pouvons en juger par quelques notes rédigées pendant ses retraites. « Il faisait ces retraites très-sérieusement, nous dit un de ses amis ; connaissant son penchant pour la poésie,

j'eus un jour l'imprudence de lui demander s'il
ne se permettrait pas cet innocent plaisir pendant les temps libres. Il me répondit de manière
à me laisser entendre que, dans une retraite,
toutes les minutes devaient être consacrées
à Dieu. »

Ce fut dans l'une de ces retraites de seconde ou
de rhétorique, qu'il écrivit les lignes suivantes :

« Comme je ne pense guère, à chaque action
« que je fais, que je dois servir Dieu, et que c'est
« là le seul but que je dois me proposer sur la
« terre : le louer, l'aimer, le glorifier, le servir !
« Pour cela il faut se détacher des choses de la
« terre , ce sont elles qui nous retiennent sans
« cesse, si nous n'y prenons garde, et nous font
« oublier le but. — Le bonheur est dans le service
« de Dieu ; si Dieu nous éprouve par des peines,
« n'avons-nous pas une consolation plus que
« suffisante dans sa bonté et, dans sa grâce,
« dans le bonheur qu'il nous promet, si nous
« le servons bien, et dans son amour ?

« Le péché est horrible, et dans le péché n'est
« point le bonheur ; oh ! non, il s'en faut ; nous
« devrions toujours penser à la beauté, à la
« majesté de Dieu, lorsque nous sommes tentés.

« Jamais de péché mortel. Ne jamais passer la

« nuit dans cet état si j'avais le malheur d'en
« commettre un.

« L'enfer est éternel, quelle pensée propre à
« nous retenir ! Songeons surtout à la bonté de
« Dieu, dans les tentations, mais songeons aussi
« quelquefois à l'enfer. Si un damné pouvait ve-
« nir à notre place, comment se conduirait-il ? »

René dut écrire à la même époque sur l'amitié les sentences que l'on va lire :

« On commence par l'amitié vertueuse, mais
« bientôt, si on n'est prudent, l'amitié frivole s'y
« mêle, puis l'amitié fausse, puis l'amitié cou-
« pable.

« Souvenons-nous que nous avons donné notre
« cœur à Dieu, et que cet amour lui étant con-
« sacré, ce serait un sacrilége de lui en dérober
« la moindre parcelle.

« Il faut certes aimer un ami, nonobstant ses
« imperfections ; mais il ne faut ni aimer, ni rece-
« voir ses imperfections ; car l'amitié demande la
« communication du bien et non pas du mal.

« Il faut bien supporter doucement l'ami dans ses
« imperfections, mais il ne faut pas l'y retenir, et
« encore moins les transporter en nous... Quant
« aux péchés, il ne faut ni les porter ni les sup-
« porter dans un ami. Si celui que nous aimons

« est vicieux , assurément notre amitié est vi-
« cieuse. Qui a la crainte de Dieu, aura aussi une
« bonne amitié (*livre de la Sagesse*). L'amitié de
« ce monde est l'ennemie de Dieu (S. Jacques). »

Pendant le reste de l'année , la piété de René, pleine de candeur et d'abandon, sans apprêts comme sans respect humain, charmait tous ceux qui le connaissaient intimement. Un de ses directeurs a dit de lui qu'il avait rarement rencontré tant de simplicité unie à tant de distinction. Un autre Père, avec lequel il eut souvent de longs entretiens littéraires pendant les veillées, nous racontait à ce propos le trait suivant : Il ne se contentait pas de la prière commune et priait encore assez longtemps au pied de son lit, avant de se coucher. Quelquefois, pendant ces veillées, craignant les surprises du sommeil et de la fatigue, il disait au Père : Je m'en vais faire mes prières et je reviendrai. Sa piété envers la sainte Vierge était toute filiale et respirait la naïve confiance d'un enfant pour sa mère. On sait le prix qu'attache un écolier à paraître en public avec succès. Souvent, au milieu de pièces où René remplissait toujours un des premiers rôles, avant de paraître sur la scène, il s'écartait un peu des autres et disait à ceux qui s'en éton-

naient : « Laissez-moi, je récite mon *Ave Maria.* »
Puis il faisait un grand signe de croix et jouait
avec le plus vif entrain.

Des maux de tête incessants, une fatigue extrême de la vue le forcèrent souvent de rester
des jours et parfois des semaines entières dans
une complète inaction.

C'était pour lui comme une petite retraite où
il retrempait sa ferveur. Lorsque les névralgies
et les maux d'yeux l'obligeaient de monter à
l'infirmerie, il en profitait pour donner secrète-
ment à la piété une bonne partie du temps qu'il
ne pouvait plus consacrer au travail. Il priait
longtemps dans son alcôve le matin et le soir ; et
parfois le frère infirmier, à l'heure de sa visite,
lorsque tous les autres étaient endormis, sur-
prenait le pieux enfant agenouillé devant l'image
de la sainte Vierge, sur les marches d'un autel
où l'on célèbre la messe pour les malades.

Cette piété si franche et si sincère ne se dé-
mentait pas pendant les vacances. — « Pendant
ses vacances, nous dit un de ses amis, la piété
de René me parut aussi grande qu'au collége.
Je me rappelle encore l'impression que me
faisait sa ferveur quand je le voyais revenir de
la sainte table. »

« Sa chambre était tapissée d'images pieuses ; au-dessus de son lit se trouvait une gravure représentant la sainte Vierge et l'Enfant Jésus ; son bureau était surmonté d'un crucifix ; à côté d'une petite bibliothèque, on voyait un saint Joseph. » —Il ajoute : « Jamais il ne se couchait sans avoir roulé son chapelet autour de son bras. »

Toute piété qui ne mène pas à l'abnégation ne mérite pas le nom de piété. René le savait. Naturellement ambitieux et fier, très-sensible et par suite très-irritable, il profita des longues semaines de repos auquel le condamnaient ses souffrances, pour se dompter entièrement. Aucune épreuve ne pouvait être plus sensible à cette nature ardente et avide de savoir ; il y acquit un empire complet sur lui-même, et cette douceur inaltérable qui frappait tous les regards. Il avouait aussi à quelques amis qu'il travaillait beaucoup à devenir véritablement humble.

Il ne pouvait souffrir les éloges où perçait la flatterie. Un jour un de ses condisciples le félicitait chaleureusement sur le succès d'un rôle dans une séance publique. Il lui répondit d'un ton moitié enjoué, moitié de reproche : « Sais-tu bien, mon cher, que tes compliments à brûle-pourpoint en écraseraient de plus robustes que

moi ! Ce mot d'admirable est un véritable souf-
flet. » Il aimait qu'on le reprît et convenait de ses
défauts avec la plus grande simplicité. Un Père
avait entrepris de corriger en lui ce genre un
peu faux, dans lequel il donnait quelquefois.
René lui dit un jour : Savez-vous, mon Père,
que vous me donnez envie de brûler toutes
mes poésies, tant elles me paraissent maintenant détestables ? Le jugement était trop sévère,
mais il prouve la droiture de cette âme généreuse.

Le trait qu'on va lire montrera jusqu'où René
savait pousser l'empire sur lui-même. Un jour,
c'était en rhétorique, son professeur, qui d'ordinaire n'avait pour lui que des éloges, jugea
fort sévèrement une de ses poésies intitulée :
La Mort d'Homère. Il la critiqua en termes
assez durs, en fit ressortir les défauts sans pitié,
et dans la chaleur du moment, lui adressa même
quelques reproches généraux sur ses devoirs. On
sait qu'une leçon de ce genre faite à un élève,
qu'on a l'habitude d'entendre toujours louer,
est pour une classe de collége tout un événe-
ment. On en parla pendant deux jours, on blâ-
mait le professeur. — « Je vis René, dit un
« témoin, entouré le soir même d'un groupe

« nombreux, où l'on parlait avec animation de
« la scène du matin ; je le vis, dans cette cir-
« constance délicate , garder une attitude cal-
« me et respectueuse, et répondre en souriant à
« ceux qui épiaient sur ses lèvres un mot d'ap-
« probation : Bah ! c'est une excellente chose
« qu'une bonne leçon d'humilité. »

Quant à ses rapports avec ses condisciples,
voici le portrait que ce même ami trace de lui :

— « Affable, obligeant envers tous, il avait
trouvé le secret si difficile, dans une assemblée,
où doivent nécessairement se rencontrer des
caractères de toute nuance, de ne s'aliéner personne. Je crois pouvoir affirmer que jamais je
n'entendis un mot de récrimination contre lui,
de même que je n'entendis jamais sortir de sa
bouche une parole de critique sur ses condisciples, non plus que sur ses maîtres. Souvent, au
milieu d'un groupe, où l'on ne se gênait pas
pour critiquer autrui, je l'ai vu garder un
silence obstiné, ou détourner par une saillie
piquante le cours de la conversation.

« Son caractère était toujours d'une égalité parfaite, et cette égalité d'humeur dut lui coûter souvent beaucoup. Il était en proie à des aspirations
vagues et indéterminées, qui faisaient passer un

nuage de tristesse sur son front, mais alors, s'apercevait-il qu'il était entouré, aussitôt sa gaieté reprenait le dessus avec un entrain merveilleux.

« Il se faisait tout à tous, rieur avec les rieurs, sérieux avec les graves, s'accommodant à tous les caractères, avec une complaisance qui ne se décourageait jamais. Ces sacrifices de tous les instants lui étaient fort pénibles. Je ne suis pas le seul qui ait fait cette remarque; un de ses amis, qui me la communiquait, me disait en même temps : « Je crois que René était aussi malheureux pour lui-même que sa société était agréable pour les autres. Malheureux, non ; ce n'est pas le mot ; si son cœur était l'autel d'un perpétuel sacrifice, sa foi le récompensait amplement, sa piété envers la sainte Vierge lui rendait douces toutes les difficultés.

« Presque toujours préfet de la Congrégation, il s'employait tout entier à répandre le bien et à rendre la vertu aimable. »

Il exerçait sur tous ses camarades un ascendant puissant et sympathique ; d'ailleurs comment s'en étonner ? Tout en lui attirait et charmait : richement doué du côté de l'intelligence et du cœur, il possédait au même degré les avantages extérieurs : une taille élégante, une exquise distinction, un son de voix harmonieux ; il avait le front noble et pur, un regard charmant où se peignait la bienveillance et enfin cet attrait des âmes privilégiées, qui captive au premier aspect. « Là fut le secret de son heureuse influence, dit ce même ami : car tout cœur pur attire à lui, selon la parole du P. Lacordaire. René était sur ce point d'une délicatesse extrême ; jamais, ses plus intimes amis lui ont rendu ce témoignage, jamais on ne surprit sur ses lèvres une parole tant soit peu libre ; et je ne puis que joindre ma voix aux leurs. Un jour qu'il entendait un élève se vanter de ses lectures aventureuses, on ne saurait croire avec quel accent de mépris et de dégoût il me dit : « Je n'ai jamais pu comprendre comment on peut trouver du plaisir à lire de pareilles choses ». Bien qu'il fût porté par l'ardeur même de ses goûts littéraires à lire avec avidité tout ce qui pouvait lui offrir quelques reflets du beau, il ne négligeait aucune précaution. Et un jour que je lui demandais s'il avait lu certain roman fort en vogue, il me répondit avec beaucoup de simplicité : Oui, mais auparavant j'avais demandé l'autorisation de mon confesseur.

Mais nous n'aurions fait connaître que très-imparfaitement le côté intime de René, si nous ne disions un mot de cette affectueuse tendresse, de cette sensibilité pleine de fraîcheur, qui donnait à son commerce intime un charme tout particulier.

Sa vertu, si austère qu'elle fût d'ailleurs, n'avait rien de roide : il aimait tendrement ses amis et savait le leur montrer.

Voici des vers adressés à un camarade dont il regrettait vivement l'absence :

> Hirondelle qui peux voler avec la nue
> Près des cieux,
> Suspends ton vif essor, entends la voix émue
> De mes vœux.
>
> Laisse-toi soulever sur l'haleine ondoyante
> Du zéphir,
> Et dis-moi quel vallon de son âme charmante
> Peut jouir.

Il écrivait au même :

> L'autre soir je m'assis, pleurant sur une pierre,
> Près d'une eau qui sans bruit s'écoulait solitaire,
> Et je voyais mon front presque vieilli déjà
> Trembler dans le courant et se rider sur l'onde ;
> Et je rêvais en moi ce rêve triste et sombre :
> Comme le temps s'en va !

Comme le temps s'en va ! Mais hier, à cette heure,
Je souriais encore, et maintenant je pleure !
Hier il était là ; j'attendais sur le seuil.....
Mais non, deux mois depuis ont passé sur ma tête,
Deux mois ! c'est bien assez pour éteindre une fête,
    Et pour tendre le drap du deuil.

Mais, s'il était bon et affectueux pour ses amis, rien n'égalait pour lui les joies du foyer paternel, ces joies des âmes pures, qu'il était si bien fait pour goûter.

Il écrivait le 11 août 1864 :

« Je suis depuis deux jours en vacances ;
« quelle joie de revoir cette terre natale ! Il
« n'est pas un roc creusé par l'âge, un arbre,
« une pierre moussue, un sentier, qui ne me fasse
« respirer un parfum du passé, de ce passé
« qui fut mon premier présent... Partout, à
« chaque site, se rattache une pensée de l'en-
« fance, un souvenir agréable... Mais la famille
« surtout est là, elle est là celle qui fut mon
« premier amour, alors que je ne comprenais
« pas les baisers de ma mère, et que je ne
« voyais partout autour de moi que son sou-
« rire... Quelle joie maintenant de compren-
« dre et de répondre à son amour ! »

CHAPITRE V.

DERNIÈRE ANNÉE DE RENÉ. — PHILOSOPHIE. — PROGRÈS DANS LA VERTU. — MORT SOUDAINE ET TRAGIQUE.

Au mois d'octobre 1864, René commença sa philosophie. Partagé sans cesse entre les exigences du baccalauréat et ses études nouvelles, il n'eut pas, comme il le dit lui-même, le temps d'y prendre goût. D'ailleurs, à dix-sept ans, il est rare qu'on s'enflamme pour la philosophie ; apprendre les premiers éléments de la logique, c'est bien aride pour une jeune imagination éprise de poésie. Aussi écrivait-il : « Pour la phi-
« losophie, voici ce que je ne voudrais pas es-
« sayer de me dissimuler : c'est qu'elle me plaît
« moins que les études littéraires.... C'est froid
« comme un jour d'hiver, où le soleil brille sans
« réchauffer. Pardon, si j'ai parlé ainsi ; mais ce
« n'est qu'un aveu de ma faiblesse ; je ne suis pas
« encore assez dégagé des nuages de la poésie ! »

Cette année fut surtout remarquable par les progrès que René fit dans la vertu.

Nous avons trouvé ces lignes à la date du 24 octobre :

« Anniversaire de ma naissance : j'ai aujour-

« d'hui 17 ans. Mon Dieu ! pardon pour les fautes
« de ces jours : faites que j'emploie mieux ceux
« qui me restent à vivre !

« Nous entrons en retraite ce soir : j'ai vu au-
« jourd'hui ma sœur au Sacré-Cœur. Elle y fait
« sa retraite ; nous allons ainsi la faire tous
« deux en même temps ; nous prierons l'un pour
« l'autre, et que Dieu nous bénisse !

« Quelques jours après, il écrivait : « Mon Dieu,
« je vous remercie des grandes grâces que vous
« m'avez faites pendant cette retraite , d'une
« surtout, dont je me crois assuré. *Fascinatio*
« *nugacitatis*, la fascination de la bagatelle, voilà
« ce qui entrave le bien ; détachons-nous donc
« du monde , des créatures. Le seul bonheur
« est en Dieu ; puisque nous devons un jour
« être séparés de toutes les choses du monde,
« pourquoi tant nous y attacher ? Pour vaincre
« ses défauts, renouvellement de ferme propos,
« prière, confession et communion.

« Si vous voyez, ô mon Dieu, que je doive
« un jour faire un péché mortel, je vous en
« prie, faites-moi mourir avant !

« Bienheureux les obéissants, car Dieu ne per-
« mettra pas qu'ils s'égarent. »

On sait que vers la fin de l'année, les élèves de

philosophie, à la veille d'entrer dans le monde, vont à la campagne du collége, faire une petite retraite, pour s'éclairer sur leur vocation et se prémunir contre les dangers qui les attendent. Ce fut alors que René écrivit sur son journal à la suite des résolutions précédentes :

« 1º Imiter toujours Notre-Seigneur Jésus-« Christ, et pour cela le connaître ;

« 2º Exemple du P. de Ravignan : la fermeté « dans la volonté ;

« 3º Visiter les pauvres ;

« 4º Faire partie d'une congrégation, selon la « ville où je me trouverai ;

« 5º Faire tous les jours une lecture pieuse, « quelque courte qu'elle soit, surtout contre la « vanité du monde. »

A l'issue de cette retraite, après le dîner, les philosophes, réunis autour du Père qui leur avait donné la retraite, chantèrent les couplets suivants improvisés par René :

TROIS JOURS A LA CHARLETTERIE.

Qui n'a pas vu passer dans un aimable rêve
Quelque ombre souriante et pleine de douceur ?
Ce songe radieux, que le réveil achève,
Répand sur tout le jour un parfum de bonheur.

Béni soit l'ange tutélaire
Qui, pour protéger les enfants ,
Sur le chemin leur donne un père;
Qui sait dans la ru le carrière
Affermir leurs pas chancelants,

Tel, mais non pas en rêve et dans une nuit sombre,
Non pas comme l'éclat d'un astre passager,
De nos cœurs incertains vous avez avec l'ombre
Chassé la crainte et le danger.

O bienheureuse solitude,
O féconde tranquillité
Où chacun sans inquiétude
Se fait une constante étude
Du grand jour de l'éternité !

Retraite paisible et profonde ,
Vous avez embelli nos cœurs :
Ainsi dans la plaine féconde
Quand le soir a versé son onde,
Le matin rajeuni s'éveille entre les fleurs.

C'est comme une brise qui passe
Apportant des parfums bénis ,
Comme un souffle qui dans l'espace,
Rafraîchit l'air et sur sa trace
Embaume la clarté des nuits.

Et ces jours si doux, ô mon Père,
Ces jours de paix et de bonheur,

De pure joie et de prière,
Nous les devons à votre cœur.

Béni soit donc cet ange tutélaire
Qui, pour protéger les enfants,
Sur le chemin leur donne un père;
Qui sait, dans la rude carrière,
Affermir leurs pas chancelants.

Mais reprenons notre récit, ou plutôt arrêtons-nous; laissons à la sœur de René le soin de nous dévoiler les secrets de cette belle âme, nous raconter sa dernière année, et le cruel malheur qui nous l'a ravie.

« Cette dernière retraite lui fit une profonde impression; il s'y crut assuré de sa vocation religieuse. Avant cette époque, l'amour de Dieu avait tenu une grande place dans les sentiments de notre cher enfant, mais son cœur était partagé : il y admettait encore des désirs de bonheur, fondés sur de beaux rêves d'avenir, sur de saintes et pures amitiés. Dieu lui donna alors la lumière dont il éclaire ses élus pour les détacher de toutes les choses périssables, et les faire vivre dès ici-bas de la vie des anges. René comprit que rien sur la terre, ni la culture de l'intelligence, ni la poésie, ni la beauté matérielle, ni même l'amitié la plus pure , ne peuvent remplir le cœur de l'homme ; il entrevit la vanité de toutes ces choses pourtant si belles , ou plutôt il sentit qu'en Dieu seul réside l'amour pur et inaltérable , ainsi que toute beauté , toute intelligence et toute poésie. La céleste patrie devint seule l'objet de ses aspirations. C'est pourquoi, en relisant les lignes que j'ai citées plus haut , et dans lesquelles il cherche à justifier ses rêves si généreux de dévouement et de sacrifice , sa nouvelle pensée les corrige ainsi : « Oui, l'âme chrétienne doit être héroïque, elle doit l'être jusqu'au sacrifice complet d'elle-même ; mais Dieu seul mérite un pareil hommage : la terre n'est rien ; la beauté matérielle, la beauté intellectuelle ne sont ici-bas qu'un pâle reflet, une ombre de l'éternelle beauté et de l'éternelle intelligence. »

Dès que cette lumière eut éclairé son âme, mon frère bien-aimé n'eut plus que des pensées célestes.

Un jour, voyant ma mère affligée, il lui dit : « Tout n'est rien ici-bas, chère mère. »

« Les Révérends Pères et les élèves de Saint-Joseph savent quelle fut son obéissance ; elle était admirable à l'égard de mes parents : que dirai-je de sa charité, qu'on ne sache également à Saint-Joseph ? Jamais le moindre blâme contre ses camarades, excusant tout, se taisant sur ce qui ne pouvait être excusé. Et quel respect pour ses maîtres ! Il eut toujours pour eux un amour tout filial.

« Il ne lui restait plus aucune trace de ce sentiment trop marqué de personnalité. Attentif à l'égard de ses amis, il cherchait l'occasion de leur être agréable. Son ami intime, le jeune Alfred Audouin, m'a dit qu'il ne l'avait jamais trouvé aussi affable ni aussi obligeant que durant ces dernières vacances. C'est surtout à l'égard de ma mère qu'il fut admirable l'été dernier. Il eut pour elle toutes les attentions, tous les égards qu'eût pu lui prodiguer la fille la plus dévouée. Il dut pourtant beaucoup souffrir du chagrin de ma pauvre mère, d'autant plus qu'elle le tourmentait au sujet de sa vocation. Elle lui disait souvent : Mon cher fils, tu me feras mourir si tu m'abandonnes, je ne m'en consolerai jamais ! Il n'avouait point sa vocation, mais il ne la niait pas non plus. Il pleurait avec ma mère, qui était en proie à d'inexprimables angoisses, ne se doutant pas cependant de la cruelle catastrophe qui allait lui enlever son enfant.

« Toutefois, nous avions une sorte de pressentiment du malheur qui nous menaçait. Depuis plusieurs années, mon père disait souvent qu'il était trop heureux dans cet enfant, et qu'il en éprouvait de vives inquiétudes. Ma mère et moi, nous n'étions pas moins inquiètes. Nous appréhendions tout pour lui : il nous semblait toujours menacé d'un danger. Nous nous gardions bien de lui manifester ces craintes ; pour tout au monde, nous n'aurions pas voulu que René fût un jeune homme craintif et pusillanime ; nous voulions en faire un homme, sachant manier les armes, monter à cheval et ne pas s'effrayer à propos de tout ; mais il nous fallait un effort de raisonnement pour agir dans ce sens. Il aimait à faire des promenades sur l'eau ; c'était un autre sujet d'angoisses. Souvent j'y allais avec lui, quand il n'était pas accompagné de quelques camarades plus robustes et qui sussent bien nager. S'il y allait seul, nous éprouvions une angoisse indicible, jusqu'à ce qu'il fût rentré. Je ne puis dire de quel poids nos cœurs étaient déchargés, lorsque nous entendions le bruit de ses pas dans le vestibule de notre maison.

« Dès qu'il eut atteint sa seizième année, il

demanda un port d'armes ; c'est peut-être la seule chose qu'il ait alors demandée. Mes parents le trouvaient trop jeune, ils hésitaient à le lui accorder. J'éprouvais les mêmes craintes, mais je me souvenais que mon frère aîné en avait eu un au même âge, et le désir de lui faire plaisir fit que je suppliai mes parents de le lui accorder, ce qu'ils firent immédiatement, car ils craignaient comme moi de le contrarier en quoi que ce fût. Je me disais toujours que l'amour excessif que nous avions pour cet enfant était le seul mobile de nos appréhensions. Je voyais sans la moindre crainte ses camarades manier des armes et se promener en canot : si nous l'aimions moins, pensais-je, nous n'aurions pas toutes ces alarmes.

« Au mois d'octobre dernier, deux ou trois jours avant la fin des vacances, on dit à ma mère que le fusil de René n'était pas bon, que le ressort était trop faible ; elle ne voulut plus qu'il y touchât. Un de nos amis lui prêta le sien pour les quelques jours qui restaient. Il le chargea et n'eut pas occasion de le tirer. On était au dimanche 15 octobre. Mon père et René devaient partir le lendemain matin pour Paris. En passant dans le vestibule, ma mère vit ce fusil, et comme la vue de ces armes lui était toujours désagréable, elle dit à René : « Tu ne chasseras plus de la saison-; décharge donc ce fusil et renvoie-le à M*** ». René répondit : « Oui , j'y pensais ». Il prit le fusil et essaya longtemps de le débourrer avec la baguette, sans pouvoir y parvenir ; ma mère qui s'en aperçut, lui dit : « Pourquoi ne tires-tu pas ce fusil ? Ce serait bien plus vite fait. »—Il fut chercher une capsule et se dirigea vers la porte du vestibule, pour tirer ses deux coups. Ma mère, durant ces quelques minutes, entra dans une chambre à droite du vestibule, pour parler à un fermier, puis, voyant que René s'apprêtait à tirer, elle tourna le dos à la porte, et mit les deux mains sur ses oreilles, pour ne pas entendre le bruit. René tira sans épauler ; le contre-coup fit tomber le fusil à terre et le second coup lui partit droit au cœur. Quand ma mère se retourna, elle vit son fils dans l'ouverture de la porte, une main sur son cœur, dont le sang s'échappait à gros bouillons, l'autre bras levé et tendu vers elle. Elle se précipita vers lui en s'écriant: Ah ! mon cher enfant ! Il fit quelques pas, soutenu par ma mère, sans qu'ils proférassent une parole ni l'un ni l'autre, puis il s'affaissa sur lui-même , jeta un dernier regard à ma mère et rendit le dernier soupir. Ma pauvre mère tenait la main appuyée fortement sur le cœur de son enfant pour empêcher le sang de s'échapper, mais le sang bouillonnait sous sa main et inondait ses vêtements. Un éclair de l'affreuse vérité lui traversa l'esprit ; elle saisit le bras de René et ne sentit plus battre le pouls, elle remonta jusqu'au coude et ne sentit rien encore. Bientôt la chambre se remplit de monde ; on entraîna ma mère.

« Mon frère aîné était avec ma mère, pendant que René déchargeait son fusil : il l'aperçut tout sanglant dans l'ouverture de la porte et, sans attendre une seconde, il se précipita dehors à la recherche d'un médecin. Quand il revint, il trouva son frère étendu par terre et ne donnant plus aucun signe de vie.

« Mon père était sorti depuis un quart d'heure ; en revenant à la maison, il vit la foule encombrer la rue ; les groupes s'écartaient à son approche, et personne n'osait l'aborder. Il hâta le pas : un enfant était debout sur le seuil de la porte ; mon père dit avec anxiété : Qu'y-a-t-il ?
— L'enfant répondit : Monsieur, c'est votre fils qui est mort. — Lequel ? s'écria mon malheureux père. — Plusieurs personnes l'entraînèrent

äuprès de ma mère, il vit à côté d'elle mon frère aîné et comprit que son plus jeune fils, son enfant bien-aimé n'existait plus...

« Quand on eut éloigné mes parents du cadavre de leur enfant, on le porta sur son lit, où il resta jusqu'au mardi matin, le visage un peu pâli par la mort, mais les traits aussi calmes que si la vie les eût encore animés. Son front semblait plus pur et plus beau. Ceux qui entraient dans sa chambre, avec la douleur dans l'âme, se calmaient à la vue de l'admirable sérénité répandue sur son visage.

« Notre douleur s'apaisait auprès de lui ; nous eûmes encore un reste de bonheur tant que cette chère dépouille nous fut laissée ; mais il fallut lui dire un éternel adieu, du moins sur cette terre. Au cimetière, autour de cette tombe où tant de jeunesse et tant de vertu venaient d'être ensevelies, tout le monde pleurait. Et maintenant encore, après un an que cette tombe s'est fermée, ceux qui l'ont connu, ne nous parlent pas de lui, sans que leurs yeux se remplissent de larmes.

« Que de regrets cette mort a causés, que de larmes elle a fait couler ! Ce cher enfant avait quitté la terre sans avoir blessé personne, sa vie s'était écoulée sans tache, et elle avait été si bien remplie ! »

Cette triste nouvelle fut un coup de foudre pour l'école Saint-Joseph ; tout le monde était consterné. Trois jours auparavant, René assistait à la messe du Saint-Esprit, et promettait à ses condiciples de venir les rejoindre aussitôt après son voyage de Paris. Mais Dieu avait d'autres desseins.

Au nom des Pères et des enfants de Saint-Joseph, le R. Père Recteur écrivit à M. Doreau la lettre suivante :

« Monsieur,

« Nous apprenons l'affreux malheur... Comment vous dire notre consternation et notre douleur à tous, Pères et enfants ?.... Nous pleurons avec vous le cher et bon René, si admirable par sa foi, sa piété, son cœur, son esprit. Dieu lui avait tout donné, et voilà qu'il reprend tout en l'enlevant à votre tendresse, pour le mettre, c'est notre confiance, dans son paradis.

« Cependant nous prions avec vous, aux pieds de la croix, afin qu'il soit bientôt délivré, s'il avait contracté quelques dettes envers le Dieu qui juge les justices. Nous prions aussi pour vous, pour la mère désolée, pour le frère et la sœur... Que Notre-Seigneur soit votre douce consolation, votre force dans cette rude épreuve. Nous le reverrons un jour cet enfant tant aimé de sa famille, tant aimé à Saint-Joseph, où on ne garde de lui d'autre souvenir que celui du talent, du cœur, de la vertu.

« Agréez, cher Monsieur, avec Madame Doreau, l'assurance de nos plus respectueuses et de nos plus vives sympathies. »

Chauvigny était trop éloigné pour que tout le collége s'y transportât : deux Pères seulement allèrent l'y représenter et furent témoins du deuil général, produit par le malheur de cette famille si cruellement frappée ; mais, le 14 novembre, le R. P. Recteur, plusieurs Pères et une députation de 15 élèves assistèrent au service du mois qui fut célébré pour le repos de cette âme bien-aimée. La douleur de tous s'adoucit un peu lorsque M. le curé de Chauvigny eut rendu à cette chère mémoire le témoignage qui pouvait le mieux justifier nos espérances. « Jamais nous dit-il, ce « jeune homme n'a été plus fervent, que pendant « ses dernières vacances ; il se confessait régu-

« lièrement tous les quinze jours, communiait
« avec une expression d'angélique piété, et se
« montrait partout simple, sans prétention et
« sans respect humain. »

M. le curé de Chauvigny aurait pu ajouter,
ce qu'il ignorait probablement alors, que le
jour même de sa mort, dans la matinée, des
personnes, dont les fenêtres donnaient sur celle
de René, l'avaient vu se mettre à genoux et
prier à plusieurs reprises, et que, sur sa table,
son *Imitation* restée entr'ouverte, prouvait assez
combien fidèlement il observait ses résolutions
de retraite.

Il aurait pu dire, ce qu'il nous a dit depuis,
qu'il n'éprouvait pas la moindre inquiétude sur
son sort, et que chez lui, la délicatesse de côn-
science, surtout dans les derniers temps, était
poussée jusqu'au scrupule.

Ce témoignage lui fut également rendu par
ses autres directeurs.

Eufin, un peu plus tard, il aurait pu nous
révéler qu'une grâce précieuse, obtenue par un
des plus chers amis de René. parut confirmer
l'idée qu'on avait de son bonheur dans le ciel.

Oui, nous le croyons, ce cher enfant est maintenant heureux. Il goûte au ciel, ces délices

éternelles auprès desquelles tout autre bonheur ne lui semblait que boue. Et si l'Eglise chante : *In te, Domine, speravi ; non confundar in æternum*, cette vive espérance qui faisait dire à René : « L'âme, rien que l'âme ; tout n'est rien ici-bas, « chère Mère », cette espérance ne sera point démentie.

Quelques jours avant sa mort, il écrivait dans son journal :

« Hier soir j'étais sur mon lit, les bras croisés « sur la poitrine, la tête levée ; je répétai peut- « être cinquante fois par intervalle : L'âme, « l'âme, rien que l'âme ! Et je sentais que ma « pensée s'élevait, se détachait de tout ce qui « est au monde.

« J'ai vu mon confesseur ce soir ; voilà ce qui « remplit mon âme de joie, et demain je dois « communier. Mon Dieu ! mon Dieu ! élevez- « moi bien haut, bien haut ! que je vous reçoive « dignement ! »

Cette prière alla droit au ciel ; quinze jours après, René n'était plus de ce monde. Dieu l'avait exaucé.

APPENDICE.

—

Pour donner une idée plus complète de René,
nous joignons à la fin de ce petit volume quel-
ques-unes de ses poésies.

On se rappellera qu'elles sont dues à l'inspiration d'un jeune homme de seize et de dix-sept
ans, et qu'il n'y a même pas mis la dernière main.

A lire plusieurs de ces pièces, on dirait que le
jeune poëte avait comme un secret pressentiment de la fin tragique qui l'attendait.

LE PAPILLON.

> Fils du soleil ! poursuis ta course
> ravie, et bois dans les corolles ou-
> vertes des fleurs d'or un nectar
> embaumé... Cependant, tu étais un
> ver autrefois. — Et tel est l'homme
> qui, de l'argile de sa tombe, s'é-
> lancera Séraphin dans les flammes
> brillantes.   S. ROGERS.

Coureur de la plaine embaumée,
Laisse-toi bercer mollement ;
Dans son vol ton aile étoilée
Semble une fleur de la vallée
Qu'emporte le souffle du vent.

La rosée est ta nourriture,
Ta joie est l'émail du printemps,
Ta vie est le ciel, la verdure,
Et tu meurs, dès que la froidure
A glacé les roses des champs.

Lorsque fatigué tu reposes
Ton vol libre et capricieux ,
J'aime à voir ton aile de rose
Sur la fleur fraîchement éclose
Jeter comme un reflet des cieux.

Porté sur les brises nouvelles,
Tu cours des coteaux au vallon ;
Pourtant, avant d'avoir des ailes
Et si légères et si belles
Tu te traînais sous le gazon.

Hélas ! l'homme aussi, sur la terre
Languit comme un insecte obscur ,
Jusqu'au jour brillant qu'il espère,
Où, comme un ange de lumière,
Il aura des ailes d'azur.

LA FLEUR.

Petite corolle embaumée,
Doux adieu des mois sans soleil ,
Premier sourire à son réveil
De la nature parfumée.

Des doigts de rose du printemps
C'est toi qui tombes la première,
Et tu viens, douce messagère,
Sur les derniers pas des autans.

Avant que la douce aubépine
N'ait blanchi les chemins couverts,
Avant que les prés ne soient verts,
Tu fleuris sous la noire épine.

Mais sur les rocs des lieux déserts,
Sous les grands buissons de la plaine,
Hélas ! tu répands ton haleine
Dans la solitude des airs.

Et tu t'avances sans compagne,
Seule tu fleuris dans les bois ;
Tu n'as pour répondre à ta voix
Aucune sœur dans la campagne.

Tu n'as que des jours sans soleil
Et des nuits où souffle la bise.
Jamais le parfum de la brise
Ne vient enivrer ton réveil.

Oh ! pourtant, charmante fleurette
Il songe à toi, le voyageur,
Lorsqu'il passe triste et rêveur ;
Quand tu tombes, il te regrette.

Le sauvage enfant du hameau
Aime presque autant ton haleine

Que l'odeur de l'épaisse laine
Que répand au loin son troupeau.

Et quand le soir à sa chaumière
Fatigué vient le laboureur,
Il aime à sentir ton odeur
Errer doucement sur la terre.

Il est d'orgueilleuses beautés
Qui lèvent leurs têtes superbes ;
Toi tu te caches sous les herbes
Qui s'élèvent à leurs côtés.

Mais elles craignent la tempête,
Tombent au premier aquilon ;
Sous les broussailles du vallon
Le vent ne courbe point ta tête.

LA CHASSE.

En 1864, la fête du R. Père Recteur de Saint-Joseph fut célébrée d'une manière fort brillante. Les élèves de rhétorique donnèrent la veille aux invités le spectacle d'une tragédie latine, composée par eux : *Le martyre de saint Simplicien*, l'un des héros du Poitou. René, qui jouait un des rôles principaux, fut chaleureusement applaudi.

Le lendemain, tout le collége, un grand nombre d'anciens élèves et de nombreux invités

partirent musique en tête pour Dissais, où
M. Barbier-Montault voulut leur offrir la plus
gracieuse hospitalité. « Assis sur l'herbe, écrivait
« l'un des invités au *Journal de la Vienne*, nous
« déjeunâmes paisiblement à l'ombre des grands
« arbres, puis nous partîmes pour la chasse...
« La chasse au cerf, ni plus, ni moins. Les
« enfants disparaissaient dans les bruyères ;
« leurs longues lignes bleues se dessinaient au
« loin. Enfin la biche parut, svelte et gracieuse,
« précipitant légèrement ses bonds effarouchés ;
« timide et effrayée, elle s'arrêta un instant,
« me regarda avec effroi ; et me trouvant,
« sans doute, l'air peu rassurant, elle s'enfuit
« au plus vite. Hélas ! suis-je donc un foudre
« de guerre ?

« Notre journée était remplie ; nous saluâmes
« nos aimables hôtes, et vers quatre heures
« nous revoyions le vieux Poitiers... »

Le souvenir de cette fête se retrouve dans
une pièce de René intitulée l'*Echo des Mon-*
tagnes ; chœur de chasseurs. Un Père du collége
avait composé la musique.

ÉCHO DES MONTAGNES

CHŒUR DE CHASSEURS.

PREMIER CHASSEUR.

Libre, le front haut, courant
Et chantant,
Le chasseur est plein d'audace,
Du cerf imitant les bonds,
Sur les monts,
Il vole et poursuit sa chasse.
Il aime à voir le ciel bleu
Sur sa tête,
Sous lui le nuage en feu
Et le bruit de la tempête.

Chœur.

Le hardi chasseur
Sonne avec ardeur,
Frappe avec vaillance ;
Bondit en avant
Sur l'aile du vent
Pressant le daim qui s'élance.

DEUXIÈME CHASSEUR.

Son trait fugitif et sûr
Dans l'azur

Va chercher l'aigle rapide ;
Au milieu du bruit des vents ,
Des torrents,
Il court ardent, intrépide
Il parcourt fier et léger
La campagne
Puis de rocher en rocher
S'élance sur la montagne.

Chœur.

Cours, hardi chasseur,
Sonne avec ardeur,
Frappe avec vaillance ;
Poursuis en avant
Sur l'aile du vent
Le cerf léger qui s'élance.

TROISIÈME CHASSEUR.

Comme sous le dôme épais
Des forêts
Il court la biche légère !
Il dévore le terrain
Et soudain
Frappe, et l'abat sur la terre :
« Hourrah ! je l'ai sous mes coups
Abattue !
A demain, cerfs, daims et loups
Quand l'aube sera venue ! »

Chœur.

Sonne avec ardeur,
Reviens, fier chasseur,
Car la nuit s'avance ;
Mais reviens souvent
Sur l'aile du vent
Courir le cerf qui s'élance.

ÉCHO DES MONTAGNES

PASTORALE.

Cette pièce fut composée pour une circonstance semblable.

PREMIER BERGER.

Doux bergers, voici le jour
De retour,
Qui ramène sous l'ombrage
Les matinales couleurs
Et les fleurs,
Dont s'émaille le feuillage ;
Du sein rafraîchi des bois
Solitaires
Un concert de mille voix
Nous appelle à nos bruyères.

CHŒUR.

Paissez, mes brebis,
Du sein des taillis

La fraîcheur s'élève ;
Jouis, gai séjour,
Du dernier beau jour
De la saison qui s'achève.

DEUXIÈME BERGER.

Moi , je veux chanter gaîment
Le moment
Où je m'assieds sous l'ombrage,
Imitant sur mes pipeaux
Les oiseaux,
Ces doux chantres du bocage.
La brise dort sur la fleur
Des nielles,
Et nous redisons en chœur
Nos joyeuses villanelles.

CHŒUR.

Dormez, mes brebis !
Cherchez du taillis
L'ombre salutaire ;
Jamais si beau jour
N'a sur ce séjour
Versé sa douce lumière.

TROISIÈME BERGER.

Pour moi, j'aime mieux m'asseoir
Vers le soir

Quand s'allument les étoiles,
Jusqu'au moment où la nuit
Vient sans bruit
Déployant ses sombres voiles.
Alors le troupeau descend
La montagne,
Et dans l'ombre se cachant,
Tout s'endort dans la campagne.

CHŒUR.

Rentrez, mes brebis !
Sombre est le taillis,
Et la nuit est noire ;
Mais dans ce séjour
Longtemps de ce jour
On gardera la mémoire.

QUATRIÈME BERGER.

Ainsi le pasteur des champs,
Au printemps,
Chante à l'ombre des yeuses,
Ainsi l'écho d'alentour
Tout le jour
Redit ses notes joyeuses.
Mais s'il chante son bonheur,
Sa bruyère,
Plus heureux que le pasteur
Nous pouvons chanter un Père !

CHŒUR.

Unissons nos chants
Pour tous les enfants
Leur Père est leur gloire.
Oui, dans ce séjour,
Longtemps de ce jour
On gardera la mémoire.

SUR UN CRUCIFIX BÉNI PAR SA SAINTETÉ LE PAPE PIE IX

ET ENVOYÉ A LA LOTERIE DE L'ÉCOLE LIBRE SAINT-

JOSEPH, PAR MADAME LA DUCHESSE DE CHEVREUSE.

A SA SAINTETÉ LE PAPE PIE IX.

Tel qu'au grand jour sur le mont du Calvaire
Jésus mourait frappé par ses enfants,
Tel sur la croix tu dévores, mon Père,
De fils ingrats les outrages sanglants,
Et la douleur courbe ton front sublime ;
Mais calme encore et ferme tu souris,
Dieu t'a trouvé, généreuse victime,
Digne du sort qu'il a fait à son Fils.

Un front n'a point une parfaite gloire,
Si de malheurs il n'est pas couronné.
Tes ennemis sont fiers de leur victoire,
Toi, sois heureux du sort qui t'est donné.

Sois fier, pontife, oh! sois fier des épines
Dont ils ont fait ta couronne de Roi!
Loin de la ville aux antiques collines,
Des cœurs chrétiens battent encor pour toi.

LE TROUBADOUR.

I.

C'était à l'heure morne où s'allongent les ombres,
L'heure où les créneaux gris s'effacent dans les cieux,
Où la fleur disparaît au fond des vallons sombres,
Où le spectre muet grandit sur les décombres,
Où le serf fatigué revient silencieux.

Un troubadour passait par la route poudreuse,
Seul, sans dire à l'écho quelqu'un de ses doux chants,
Comme l'oiseau du soir en la nuit ténébreuse,
Vers un but inconnu portant ses pas errants.

II.

Arrivé sous les murs d'une antique tourelle
Qui résonnait des chants de convives joyeux,
Il s'assit et sa main fidèle
Saisit le luth harmonieux :

Ces voix qu'un vent moqueur apporte à mes oreilles
Ne trouvent point d'écho dans mon cœur désolé ;
Autrefois je chantais en des fêtes pareilles,
Je suis à cette heure isolé.

Pourquoi dans ce manoir apporter la tristesse ?
Ils n'aiment de mon luth que la corde d'amour
Et n'attendent dans leur ivresse
Que des chants et des ris du joyeux troubadour.

Mais mes chants désormais ne savent plus la joie !
Comme au soir des hivers la feuille qui tournoie
Sur l'haleine du vent s'élève dans les airs,
Ainsi toujours bercé d'un destin monotone,
Mon luth s'endort le soir aux notes de l'automne
Et le matin s'éveille aux chants durs des hivers.

Ah ! c'est que sans retour j'ai quitté ma patrie !
Car j'aimais à porter ma folle rêverie
Vers des pays lointains, des castels inconnus.
Je chantais les tournois, l'amour des nobles dames,
Les combats meurtriers, les riches oriflammes ;
Le vallon ne me plaisait plus.

III.

C'était par un jour de fête ;
De fleurs ma douce mère avait chargé ma tête
Et ses yeux m'admiraient quand mes bruyants accords
Avaient conduit la foule à la danse joyeuse,
Et les mères autour, d'une voix envieuse,
Avaient remarqué ses transports.

Et le soir je m'enfuis ! — Et la nuit sur ses voiles
N'avait pas ce soir-là parsem ses étoiles ;

Sans regarder ma mère une dernière fois,
Sans éveiller ma sœur de son sommeil paisible,
D'un pas précipité je partis, insensible,
    Et je m'enfonçai dans les bois.

Quand le soleil dora la lointaine vallée,
Sinistre, et me tournant vers ma terre isolée,
L'œil enflammé, longtemps je regardai ce lieu
Où ma fuite jetait la douleur et les larmes ;
Mais au fond de mon cœur refoulant mes alarmes,
    Je m'écriai : Ma terre, adieu !

Un jour je reviendrai, vallée au noir ombrage !
Avant que mes amis, les chantres du feuillage
Aient oublié mon luth qui chantait leurs forêts ;
Je saluerai de loin le toit de ma chaumière
Et sur le seuil joyeux, je reverrai ma mère
    Et tous les autres que j'aimais !

De mes illusions où m'emporte ce rêve,
Sans joie et sans espoir chaque jour qui s'achève
Dans mon cœur désolé répand plus de douleur ;
Que me servent mes chants? La foule qui s'empresse
Ne demande à mon luth que des chants d'allégresse,
Mais il a désappris les accents du bonheur.

Car moi je ne sais plus où trouver ma patrie,
Quand le soleil à tout revient donner la vie,
Je me tourne en disant : Il s'en vient de là-bas !
Le soir je le contemple en pensant à ma terre,

Mais ne sens rien vibrer dans mon cœur solitaire,
Vers quelque but lointain que je porte mes pas.

Et je n'ai point d'amour ! mon âme est seule et vide
Comme un spectre la nuit qui court triste et livide
Aux rayons du soleil dans les antres caché ;
Ma vie est un long soir, un sombre crépuscule ;
Et mon cœur, à l'amour autrefois si crédule,
       Est à cette heure desséché.

D'un orgueil insensé je tiens la récompense :
Sans souvenir d'hier, sans espoir pour demain,
Je nourris dans mon cœur la livide souffrance,
Hôte cruel, qui veut des larmes pour son pain ;
Je descends comme un mort le sentier de la vie,
Sans qu'un œil de pitié, sans qu'une voix amie,
M'arrête en souriant sur le bord du chemin.

IV.

Et si je retournais à ma terre natale !
       Je reconnaîtrais bien mes bois ;
Et de mes fleurs de mai le parfum qui s'exhale
       Me charmerait comme autrefois ;
Je crierais, et mon chien accourrait à ma voix,
       Mais que verrais-je à la porte ?
       Hélas ! peut-être un cercueil,
Car mes rêves m'ont dit que ma mère était morte
Et mes rêves depuis se sont vêtus de deuil.

V.

Les ans au sombre vol ont passé sur ma terre,
Emportant avec eux dans les ombres d'en bas
Ma mère qui pleurait. L'ange de la chaumière,
Ma sœur, vers d'autres lieux a dû porter ses pas ;
    Tout est vide et tout solitaire,
    Hélas ! j'ai fait mourir ma mère !
    Quels maux ne méritai-je pas ?

Pourtant, après un long voyage,
Je voulais vous revoir, mes vallons inconnus.
— Que faire avec les morts et les oiseaux sauvages ?
Adieu, vallons, adieu, je ne vous verrai plus.
Car un souffle de mort a flétri vos ombrages
Et mes oiseaux ont fui leurs arbres si connus.
A toi donc pour toujours, ô ma terre natale,
Adieu ! j'éviterai ton seuil doux autrefois,
Car la mort a sur toi levé sa main fatale
Et des fantômes seuls répondraient à ma voix !

VI.

    Sur les créneaux, silencieuse,
    La châtelaine l'écoutait,
    Et la lyre mélodieuse
    Du beau troubadour qui chantait
    Sa solitude et ses alarmes
    De ses yeux arrachait des larmes
    Quand le troubadour s'arrêtait.

« Gentil trouvère, cria-t-elle,
Sois bienvenu dans la tourelle,
Car tes chants ont touché mon cœur. »
— Le troubadour entra sans crainte
Et chanta sa triste complainte
Au très-haut et puissant seigneur.

VII.

Et quand vint l'heure fraîche où s'écartent les ombres
L'heure où les blancs créneaux se découpent aux
[cieux,
Où la fleur se relève en les vallons moins sombres,
Où le spectre muet rentre sous les décombres,
Où le serf court aux champs et siffle un air joyeux,
Le troubadour partit par la route poudreuse
Sans redire à l'écho quelqu'un de ses doux chants ;
Rêveur il emportait sa lyre harmonieuse,
Vers un but inconnu portant ses pas errants.

FIN.

TABLE DES MATIÈRES.

—

BIBLIOTHÈQUE

APPENDICE.

POITIERS. — TYP. DE HENRI OUDIN.

BIBLIOTHEQUE NATIONALE DE FRANCE

3 7502 01048527 6

www.ingramcontent.com/pod-product-compliance
Lightning Source LLC
Chambersburg PA
CBHW061357060726

47597CB00003B/896